時間が漬物をおいしくする。

本書は、2018年11月発行「NHKまる得マガジン名人直伝！　お手軽なのに本格漬物」テキストをもとに再構成し、加筆したものです。放送テキストではありません。

まるプチ
MARU
PETIT

TSUKEMONO

お手軽なのに
きちんと
おいしい

手づくり
漬物

横山タカ子

NHKまる得マガジンプチ

CONTENTS

CONTENTS

※本書で使用している計量カップは200㎖、
計量スプーンは大さじ15㎖、小さじ5㎖です。

はじめに

　日々の漬物が自分でつくれるのはうれしいことです。余分なものが何も入っていない安心感がありますし、何よりおいしい！　一度手づくりのものを食べたら、そのよさが実感できると思います。

　漬物づくりは大変そうと思っている方も多いようですが、使うのはきゅうりやかぶ、長芋といった身近な野菜と、塩やみそなどごく基本的な調味料だけですから、そう難しくありません。野菜に向き合う一晩の気持ちがあれば、おいしい漬物はでき上がります。時間が調理をしてくれるのです。

　もう一つお伝えしたいのは、「漬物は調味料になる」ということ。漬物は、生野菜とは違う風味とうまみ、酸味が出てきます。生野菜と合わせてサラダにしたり、豆腐とあえたりと使いみちはいろいろ。少し古漬けになって酸味が出てきたような漬物で肉を炒めるのもおいしいですよ。

　我が家では、毎年たくさん仕込んで食べ続けますが、家族の少ない方や初心者の方は少ない量のほうがつくりやすいので、今回はつくりやすく食べきりやすい分量のレシピでご紹介しています。ぜひ漬物で、毎日の食卓を楽しんでください。

漬物づくりを
始めましょう

長く使いたい、保存容器

　ホウロウは酸や塩に強く、においや汚れがつきにくいので、保存容器におすすめです。また、ガラス製の容器も酸や塩に強く、においもつきにくいうえに中身が見えるので、漬け上がりを保存するのには便利です。

消毒について

　あらかじめ洗剤でよく洗って、煮沸をしましょう。大きいものは、熱湯をかけ、天日乾燥させます。長期保存する場合など、気になるようなら、さらに酢で拭いてもよいでしょう。

おもし について

　おもしは、材料を塩水や調味液などに浸すためのもの。清潔な皿と、その上に清潔な漬物石をのせて使います。圧が均等にかかるようにし、野菜全体がしっかりと塩水などにつかるような重さにします。漬ける野菜の重量の1.5〜2倍を目安にしてください。

適当な石がない場合

清潔なガラス瓶に水を入れたもので代用してもよいでしょう。

塩 のはなし

　漬物には、ミネラル分の多い粗塩がおすすめです。精製塩はミネラルなどがほとんど含まれておらず、同じ分量でも塩けが強くなります。また、野菜にまぶす際も、結晶が細かくさらさらしている精製塩よりも粗塩のほうがよくなじみ、うまみも出ます。

　最近はいろいろな種類の粗塩が買えるようになりました。好みのものを使ってみてください。

塩分濃度のはなし

　漬物は塩分濃度が大事です。それによって味も保存期間も変わります。

　例えば、なすの塩漬けは、水と塩の割合を10：1にして漬けるので、水1ℓ（1000g）に対して塩100g。下漬けなどで野菜に塩をまぶす場合の塩は、野菜の重さの2％くらいが目安なので、野菜100gに対して塩2gくらいに。このように、素材と塩の重量の割合で考えればいつでも同じ塩分濃度で漬けられ、野菜を変えても応用がききます。

　ちなみに、自分の使う粗塩の大さじ1、小さじ1の重さを一度量ってみて目安を覚えておくと、日々の計量に便利ですよ。

保存の注意点

● 保存容器のふたを閉じて管理し、野菜を出し入れする際は必ず手を清潔にしましょう。箸やスプーンを使うときも必ず清潔なものを使いましょう。

● 常温保存となっているものでも、暑い時期や室内の環境によっては様子をみて、容器ごと冷蔵庫に入れましょう。

第一章

なすの塩漬け

なすの塩漬け

塩水に浸すだけででき上がり！
なすならではの美しい色と
みずみずしさ、食感を楽しみましょう。

なすの塩漬けのつくり方

材料
(つくりやすい分量)

なす —— 3本
水 —— カップ5(1ℓ)
塩(粗塩)—— 100g
※水の重量に対して10%の塩

POINT

色よく仕上げるために。

鉄分が入るとなすの色落ちを防ぎ、発色がよくなります。よく洗った古鉄くぎを10数本束ねるか(写真内、左)、市販されている料理用の鉄球(写真内、右)を使いましょう。新しいくぎはさび止めなど薬品が塗られている場合があるので使いません。

1.

鍋に分量の水と塩を入れて火にかけ、塩を溶かす。煮立たせる必要はなく、塩が溶ければOK。火を止めて冷ます。

2.

なすのヘタを切り落とす。ヘタからも色が出るので、捨てずに残しておく。

POINT

野菜の切り方で漬け上がりが変わります。

縦半分に切ると（写真内、右）、半日で食べ頃に。切り離さず、下半分に切り込みを入れると（写真内、中央）、15〜16時間後が食べ頃。丸ごと漬けると、1日以上たってから食べ頃に。好みで使い分けて。丸ごと漬けるとうまみも増します。

3.

清潔な保存容器に**1**の塩水を入れ、なすを浸す。なすのヘタ、古鉄くぎの束（または料理用の鉄球）も一緒に浸す。

4.

おもしをのせ、なす全体が塩水につかるようにし、ふたをする。半日〜1日間おいたら完成。

保存方法

常温で保存する。

保存期間の目安

長く漬けると味が濃くなりすぎるので、半日〜1日間くらいで食べきって。塩水から取り出した場合は、冷蔵庫で2日間ほど保存可能。

こんな素材でもつくれます

きゅうりの塩漬け

セロリの塩漬け

　なすと同様に、1ℓの水に対して100gの塩を溶かした塩水に漬けます。きゅうりは丸ごと、セロリは容器に入る長さに切ってそのまま入れます。半日～1日くらいたったら食べ頃です。浅漬けのしゃきしゃき感もおいしいので、漬け時間はお好みで。そのほか、かぶ、大根でもおいしくつくれます。夏ならみょうがもおすすめ。青菜など葉物野菜は向きませんが、お好みの野菜で試してみるとよいでしょう。

※なす以外の野菜の場合は、塩水に古鉄くぎを入れる必要はありません。

塩漬け

QUESTION

Q & A

ANSWER

Q.1

なすやきゅうりの塩漬け、
秋や冬に漬けてもおいしいの？

ANSWER

できれば、旬の時期に漬けておいしくいただくのが一番です。な
すやきゅうりなどは、体を冷やすため、暑い夏においしい夏野菜。
私は、露地物の野菜が手に入らなくなったら、終わりのタイミン
グだと思っています。

Q.2

同じ塩水で繰り返し漬けられますか？

ANSWER

塩水は、様子をみながら管理をすれば1〜2か月間は使えます。なすを漬けた塩水は、なすの色素が出て紫色になるので、なすだけを漬けるようにします。ほかの野菜を漬けたい場合は、新たに塩水をつくりましょう。また、野菜の出し入れをする際は、必ず手は清潔にし、箸などを使うときも清潔なものを使いましょう。

Q.3

塩水が薄くなってきたら？

ANSWER

野菜を漬けているうちに、野菜から出る水分で塩水は薄まってきます。味がなじみにくくなったと感じたら、塩分濃度が下がっている証拠。野菜を入れる際に全体に塩をまぶし、塩分を足しましょう。

Q.4

白い膜が浮いてきたら？

ANSWER

塩漬けをしていると、塩水の表面に白い膜が浮いてくることがあります。これは産膜酵母（さんまくこうぼ）と呼ばれるものです。ほぼ害はありませんが、食味を悪くするので取り除きましょう。一度塩水を鍋に移して煮立てて殺菌し、白い膜を取り除きます。

白い膜を丁寧にすくい取りましょう。

Q.5

塩水に漬けすぎて
しょっぱくなってしまいました……

ANSWER

しょっぱくなってしまったからといって、水で洗って塩抜きをするのはもったいない。おいしさまで流れ出てしまいます。漬かりすぎてしまった漬物は、細かく刻んで調味料として使いましょう。

Q.6

違う種類の野菜を
一緒に漬けてもいいですか？

ANSWER

色素が出て色がついてしまうため、なすだけは別にしましょう。
ほかの色がつかない野菜は一緒に漬けても大丈夫です。

Q.7

つくりたての塩水に漬けるのと
繰り返し使っている塩水に
漬けるのでは、
仕上がりの味に違いはありますか？

ANSWER

つくりたての塩水に漬けた漬物は、塩味を直線的に感じます。塩
水は、繰り返し使っているうちに野菜のエキスがたっぷり出て、
丸みをおびた味に変化するため、1回しか使わないのは、もった
いないですよ。ぜひ、繰り返し使って味の変化を楽しんでみてく
ださい。

なすの塩漬けもみサラダ

塩漬けに生野菜を組み合わせ、
なすの塩けでまとめます。
香味野菜の香りもポイント。

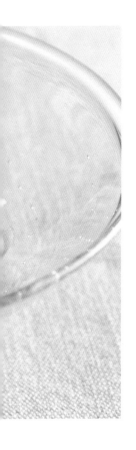

材料（2人分）

なすの塩漬け —— 1本
きゅうり —— 1本
みょうが —— 3コ
青じそ —— 3枚
しょうゆ（お好みで）—— 小さじ$\frac{1}{2}$〜1

つくり方

1. なすの塩漬けは丸ごとのものは縦
半分に切り、幅5mmの斜め切りに
する。きゅうりはヘタを除き、ピ
ーラーなどで縦に2〜3本皮をむ
き、斜め薄切りにする。みょうが
は縦半分に切って斜め薄切りにす
る。青じそはせん切りにする。

2. ボウルに**1**を全て入れてもみ込む。
味をみて、しょうゆでととのえる。

※なすの塩漬けの漬かり具合で塩けが変
わってくるので、しょうゆは必ず味見をして
から加えて。

塩漬け野菜の手まりずし

小さく丸めたすし飯に、
薄切りにした野菜の塩漬けをのせます。
すし飯にも刻んだ塩漬けを入れて、
彩りと食感のアクセントに。

材料（2人分）

なすの塩漬け —— 1/3本くらい
きゅうりの塩漬け —— 1/3本くらい
セロリの塩漬け —— 5〜7cm
温かいご飯 —— 1合分

すし酢
酢 —— 大さじ2
砂糖 —— 小さじ2
塩 —— 小さじ1/2

つくり方

1. すし酢の材料を混ぜ合わせ、温かいご飯に混ぜてすし飯をつくる。

2. なす、きゅうり、セロリの塩漬けは、それぞれ薄切りとみじん切りにする。

3. すし飯を3等分にし、なす、きゅうり、セロリの塩漬けのみじん切りを1種類ずつ混ぜる。一口大に丸め、それぞれの塩漬けの薄切りをのせ、かるくにぎって形をととのえる。

信州・暮らしの楽しみ

①

素材のおいしさを生かすために

　せわしい日々の中でも、私にとって欠かすことのできない漬物づくり。ぬか漬け、塩漬け、しょうゆ漬け、酒かす漬け……。季節に合わせて、新鮮な野菜をさまざまな味つけで漬けるのは楽しいものです。そして、せっかく自分の大事な時間をかけてつくるものだから、うそのない本物の味に仕上げたい。そんなことを考え、試行錯誤しながらたどり着いたのが、素材を生かして調理するということでした。

　大切に育てられた野菜は、土で調理されるといっても過言ではないほど、素材そのものが本当においしい。だからこそ、本来の味を台なしにしないように、最小限の調味料でシンプルに味つけをすることを心がけています。もちろん、塩は天然のもの、しょうゆやみそは添加物の入っていないきちんと醸されたものなど、本物を吟味しています。漬物づくりは大変と思われがちですが、新鮮な素材とたしかな調味料さえあれば、時間がおいしく仕上げてくれるのです。

第二章

長芋のからし漬け

長芋のからし漬け

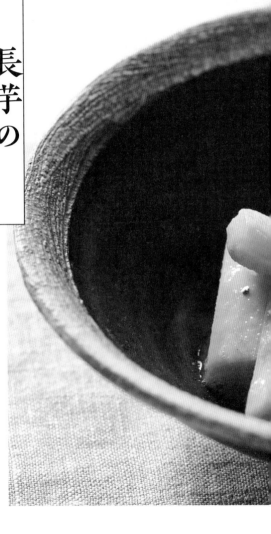

すぐに食べられる即席漬けです。
和からしのきりっとした
辛みと風味が口の中に広がります。
食感も心地よい。

長芋のからし漬けのつくり方

材料
（つくりやすい分量）

長芋 —— 250g
和からし（粉状）—— 適量
うす口しょうゆ —— 大さじ1

1.

長芋は皮をむき、幅1cmの拍子木切りにする。食べやすい長さでよい。

2.

小さな器に和からしを入れ、35℃くらいのぬるま湯を少しずつ入れながら溶く（練ると湯を吸ってかさが増える。香りがたち、全体になじむまでしっかり練るのがコツ）。

粉の和からしの風味。

粉状の和からしは、ぬるま湯（約35℃）で練ると強い辛みと風味が出ます。チューブタイプのものは充填（じゅうてん）や日もちのために塩や植物油などが混ぜられているので、風味を生かすには、粉状がおすすめです。使う直前に練って香りを出します。また、粉状の和からしは冷凍保存もできます。封をして、ジッパー付き保存袋に入れましょう。

3.

ボウルに、溶いた和からし小さじ1を入れ、うす口しょうゆを加えて、むらなく混ぜ合わせる。

4.

長芋を加え、全体をよく混ぜ合わせれば完成。

保存方法

冷蔵庫に入れて保存する。

保存期間の目安

2日間ほど保存可能。ただし和からしの風味がよいうちに食べきって。

からし漬けのおろしあえ

大根おろしであえて
さっぱりと。
仕上げに漬け汁をかけると
味がしまります。

材料（2人分）

長芋のからし漬け —— 50g

大根 —— 50g

長芋のからし漬けの漬け汁
—— 小さじ1

ねぎ（青い部分／お好みで）—— 適量

つくり方

1. 大根は皮をむいてすりおろし、かるく水けをきってボウルに入れる。

2. 長芋のからし漬けを加えてあえ、器に盛る。漬け汁をかけて、みじん切りにしたねぎをのせる。

さばの水煮の
からし漬けあえ

さばの風味と
和からしの香りが好相性。
酒のつまみはもちろん、
少し多めにつくって
ご飯のおかずにしても。

材料（2人分）

長芋のからし漬け —— 50g

さばの水煮（缶詰）—— 60g

長芋のからし漬けの漬け汁
　　 —— 適量

つくり方

1. さばの水煮は汁けをきってかるくほ
　　ぐし、ボウルに入れて、長芋のか
　　らし漬けを加えてあえる。

2. 味をみて、足りないようなら長芋の
　　からし漬けの漬け汁を小さじ1くら
　　い加える。

信州・暮らしの楽しみ

②

風土に根づく漬物文化

　収穫された貴重な野菜をいかに大事に食べるか——。信州に昔から根づく漬物や保存食文化は、一年のうちの半年間しかものが採れない特殊な気候と風土の中で生まれた、先人たちの生きる知恵でした。

　私が子どもの頃は、どこの家庭でもたっぷりの量の漬物をつくっていました。今ではあまり見かけない光景かもしれませんが、漬物を仕込む日は近所の人たちが手伝いに来て、大量の野菜を洗って、漬けてと家中が大わらわ。もちろん、私も大人たちにまじって手伝ったり、まかないをつくったりしていました。そして、別の家で漬物を仕込む日はかり出される。そうやって、近所中を手伝いながらまわることで、自然と漬物づくりのいろはを身につけていたように思います。当時は子ども心に「きょうも大根洗いかぁ」なんて思ったりしていましたが、今では親やご近所の方々から受け継いできた漬物づくりこそ、信州の宝物だと実感しています。

第三章

ラディッシュの
みそ漬け

ラディッシュの
みそ漬け

みそだけで深い味わいに
なることにびっくり！
ラディッシュのほのかな辛みと、
みその風味がよく合います。

ラディッシュのみそ漬けのつくり方

材料
（つくりやすい分量）

ラディッシュ —— 250g（葉も含める）
みそ —— 大さじ2

1.

よく洗って、水けをしっかりきったラディッシュをジッパー付き保存袋に入れ、みそを加える。

2.

保存袋ごとよくもみ、ラディッシュ全体にみそをしっかりなじませる。空気を押し出しながら保存袋を丸め、ジッパーを閉じて冷蔵庫に入れる。半日間おいたら完成。

保存方法

冷蔵庫に入れて保存する。

保存期間の目安

3日間ほど保存可能。

かぶのみそ漬け

　ラディッシュと同様に、かぶも重量250gに対して大さじ2の割合でみそをまぶし、半日以上おきます。かぶは、丸ごとのままだと大きくてやや漬かりにくいので、食べやすい大きさに切るとよいでしょう。大根、にんじん、長芋やしょうがなどでもおいしくつくれます。切り方によって漬かり加減は変わってくるので、お好みで。

みそ漬け

QUESTION

Q & A

ANSWER

Q.1

どんなみそを使ってもいいの？

ANSWER

どんなみそでも大丈夫です。ご自宅にあるものやお気に入りのもので
つくってみてください。できれば、添加物などが入っていない、
きちんと醸されたみそがおすすめです。

Q.2

家に塩辛いみそしかないのですが……

ANSWER

みそは種類によって塩分量も変わってきます。まずは基本の分量
でつくってみて、しょっぱいなと感じたら、次からはみその量を
控えるなど、調節してみてください。

Q.3

みそだけで本当においしいの？

ANSWER

みそ漬けは、分量を守ってつくれば、みそだけで十分においしく
漬けられます。漬け床に使ったみそは、野菜から水分が出てくる
ため使いまわしができません。そのため、野菜250gに対して大
さじ2でつくるのが、使いきりができるベストな分量。塩辛くな
る心配も、みそが余りすぎることもなく、誰でも上手に漬けられ
ます。また、食べるときは、洗う必要はありません。みそをかる
くぬぐうくらいでいただきましょう。

ラディッシュのみそ漬け
カマンベールはさみ

みそとチーズは相性抜群!
見た目もおしゃれな
おつまみになります。
カマンベール以外でも
好みのチーズと合わせて。

材料（2人分）

ラディッシュのみそ漬け —— 6コ
カマンベールチーズ —— 適量

つくり方

1. ラディッシュのみそ漬けはみそをかるくぬぐって、中心に切り込みを入れる。葉は折りたたみ、端をくるくると巻きつける。

2. カマンベールチーズを約3cm四方、5mm厚さの四角に切って、ラディッシュの切り込みにはさむ。

冷ややっこのみそ漬けのせ

ラディッシュを刻んでのせるだけ！
みその風味でひと味違う
冷ややっこになります。
ご飯にのせてもおいしい。

材料（2人分）

ラディッシュのみそ漬け —— 2コ
木綿豆腐 —— ⅓丁（100g）

つくり方

1. ラディッシュのみそ漬けはみそをか
るくぬぐって、葉を切り落とし、薄
い輪切りにする。葉はみじん切り
にする。

2. 豆腐を食べやすい大きさに切って
器に盛り、**1**をのせる。

信州・
暮らしの
楽しみ

3

毎日の食卓に
欠かせないもの

　冷たい水でじゃぶじゃぶと洗った野菜に塩をまぶし、お
もしをのせていく晩か発酵させる——そんな荒波にもまれ
るようにしてつくられる漬物は、けっこうな苦労人。食物繊
維や植物性の乳酸菌が豊富な優れものです。昔から食べら
れているだけあって、数ある発酵食品の中でも日本人の体
に合っているといわれています。

　日本には昔から一汁三菜という食文化がありますが、そ
こに漬物をプラスした一汁四菜が我が家の定番。毎日食べ
るものだからこそ、心をこめてつくった漬物を食卓に並べる。
そんなふうにして、食べ親しんだいつもの味を「あぁ、おい
しい」と笑顔でいただくことが、私や家族の健康の証しに
なっているような気がします。「やっぱりこの味だね」「これ
がなくちゃ!」といい合いながら、家族が喜んで食べてくれ
る姿は、いつ見てもうれしいものです。

第四章

小松菜のしょうゆ漬け

小松菜の
しょうゆ漬け

しょうゆの香りと砂糖の甘み、
酢の酸味のバランスが絶妙で後を引く味。
1kgつくっても、かさが減るので、
あっという間に食べきれます。

小松菜のしょうゆ漬けのつくり方

材料
(つくりやすい分量)

小松菜 —— 1kg
砂糖 (きび糖、てんさい糖など) —— 50g
しょうゆ —— 180mℓ
酢 —— 40mℓ
赤とうがらし (種を取って小口切りにする) —— 1本

1.

小松菜はよく洗い、水けをしっかりきる。根元を切り落とし、長さ3〜4cmに切る。

2.

清潔な保存容器に入れ、砂糖、しょうゆ、酢、赤とうがらしを加える。

3.

上下を返すように手で混ぜ合わせ、調味料をなじませる。

4.

おもしをのせ、小松菜が調味液につかるようにし、ふたをする。半日間おいたら完成。

保存方法

常温で保存する。

保存期間の目安

1週間ほど保存可能。
長く漬けると酸味が出てくる。

小松菜漬けの菜飯
<small>な めし</small>

しゃきしゃきと食感のよい菜飯。
ご飯が少なめでも
満足感があります。
仕上げにいり卵を散らしても。

材料（2人分）

小松菜のしょうゆ漬け —— 60g
温かいご飯 —— 150g
白ごま —— 適量

つくり方

1. 小松菜のしょうゆ漬けはかるく汁
けをきり、みじん切りにし、温か
いご飯に加えて混ぜ合わせる。器
に盛って白ごまをふる。

58

豚肉と小松菜漬け炒め

漬物が調味料がわり。漬物の風味と食感を生かしたいので、手早く炒め合わせて。

材料（2人分）

小松菜のしょうゆ漬け —— 200g

豚肩ロース薄切り肉 —— 100g

菜種油（またはサラダ油）—— 大さじ1

一味とうがらし（お好みで）—— 少々

つくり方

1. 油をフライパンに入れて中火で熱する。豚肉を切らずに広げて入れ、両面を焼きつけて火を通す。

2. 小松菜のしょうゆ漬けを加えて、サッと炒め合わせる。器に盛り、一味とうがらしをふる。

信州・暮らしの楽しみ

4

信州の お茶うけ

　信州では、お茶に添える「お茶うけ」に漬物がよく登場します。これは、漬物や保存食文化の発達した、信州らしい習慣だと思います。甘いものが出されることもありますが、菓子ではなく、あんずジャムや桃のコンポート、梅煮など、果物を使った保存食が中心です。お茶と漬物はよく合いますよ。我が家でも、しょうがの甘酢漬けや野沢菜漬け（写真）、たくあんなど、季節の漬物を小皿にのせて、お茶と一緒にお出しします。

　漬物を食べながらゆっくりおしゃべり。まだまだ自家製の漬物を漬けるご家庭も多いので、手づくりの漬物を話題に、話が弾むことも多々あります。

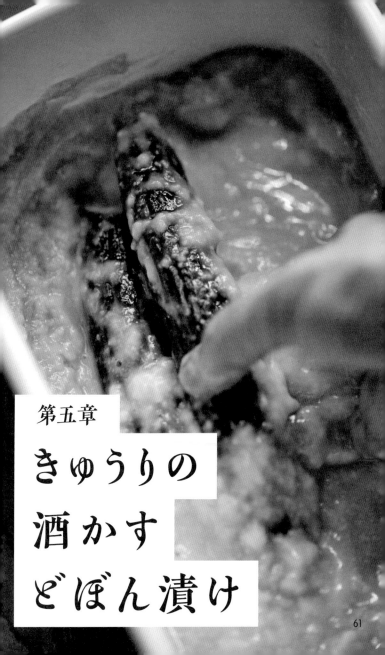

第五章

きゅうりの
酒かす
どぼん漬け

きゅうりの
酒かすどぼん漬け

どぼんと漬けるからどぼん漬けといいます。
酒かすもおいしいので、
洗わずにかるくぬぐうくらいにして。

きゅうりの酒かすどぼん漬けのつくり方

材料
（つくりやすい分量）

きゅうり —— 3本
塩（粗塩）—— 適量
※きゅうりの重量に対して約2%の塩

酒かす床
酒かす（練りかす）—— 1kg
砂糖（きび糖、てんさい糖など）—— 300g
塩（粗塩）—— 50g
※酒かすについては、P.66を参照。

1.

きゅうりに塩をもみ込む。塩はきゅうりの重量に対して2%くらいが目安（例えばきゅうり300gなら塩は6g程度）。1時間以上おく（下漬け。余分な水分を出す）。

2.

酒かす床をつくる。大きめのボウルに酒かすを入れ、砂糖、塩を数回に分けて少しずつ加えながら混ぜ合わせる。一度に入れると、むらが出るので注意。

3.

全体がなめらかになるまで混ぜれば、酒かす床のでき上がり。酒かすによってゆるさは違うので、少しかためでもかまわない。

4.

清潔な保存容器に酒かす床を入れる。**1**のきゅうりの水けを拭いて埋める。きゅうりの長さによっては半分に切ってもよい。

5.

きゅうりがしっかり漬かるよう、表面を酒かす床で覆ってふたをする。半日間おいたら完成。

保存方法

常温で保存する。

保存期間の目安

3日間ほど保存可能。

\ もっとおいしく! /

酒かすどぼん漬け

QUESTION

Q & A

ANSWER

Q.1

酒かすとは?

ANSWER

酒かすは、日本酒をつくる際にできる副産物です。米とこうじを発酵させた「もろみ」を布袋などに入れて搾り出した液体が日本酒、搾りの工程で取り除いた固形部分が酒かすで、日本酒の風味やうまみを豊富に含んでいます。酒店や小売店などで購入でき

ますが、日本酒の仕込み方などによって酒かすの風味や味わい
もさまざま。好みの酒かすを見つけて楽しんでください。

Q.2

「板かす」と「練りかす」の違いは
なんですか？

ANSWER

板かす　　　　　　　　　練りかす

酒かすには、「板かす」と「練りかす」の2種類あります。搾ったと
きの状態そのままのものが板状の板かす。搾りたての香りのよさ
が特徴です。一方練りかすは、板かすを踏み込んで空気を抜き、
何か月もかけて熟成させたもの。コクとうまみが増します。「踏み
込みかす」と呼ばれることもあります。
漬け床にするには、うまみの強い練りかすがおすすめ。すでに熟
成しているので、すぐ漬けられておいしく食べられます。

Q.3

板かすを漬け床に使う場合は？

ANSWER

板かすはそのままではかたくて使いにくいので、ポリ袋などに入れてよくもみほぐします。冷蔵庫に入れ、ときどき取り出してもみほぐしながら1か月ほどおきましょう。熟成が進んで練りかすに近い状態になります。

Q.4

酒かす床は何度か使えますか？

ANSWER

使えます。何回か使っていると、野菜が酒かす床の塩分を吸っていくので、だんだん気の抜けた味になっていきます。気になってきたら、素材に多めの塩をまぶしてから漬けてみてください。新しい酒かすを足してみるのもいいでしょう。

また、繰り返し使っていると野菜から水分が出て、水っぽくなってきます。酒かす床をなめてみて、味がしない、おいしくないと感じたら、新しくつくり直したほうがいいでしょう。

Q.5

きゅうりのほか、酒かす漬けに
おすすめの食材はありますか？

ANSWER

大根やかぶなどの野菜も漬けられます。また、魚や肉を漬けて焼くのもおいしいですよ（P.70参照）。魚や肉は、清潔なガーゼで食材を包んで酒かす床に漬けると、余分な酒かすを拭き取ったり洗ったりせずに調理できるのでおすすめです。魚や肉を漬け込むときは、冷蔵庫に入れます。一度肉や魚を漬けた酒かす床は、野菜には使えません。また、直接なめて味を確かめることもやめましょう。

鮭の酒かすソテー

鮭などの魚や、ソテー用の豚肉などを漬けて焼くのもおすすめです。例えば、鮭の切り身2切れの場合、酒かす床は350g程度を目安に。鮭をガーゼで包んで漬け込み、半日以上冷蔵庫におきます（P.69参照）。鮭を取り出したら、フライパンでふっくらソテーしていただきましょう。

ゆで卵のどぼん漬けあえ

おつまみにぴったり！
きゅうりについている
酒かすは落とさず
一緒にあえます。

材料（2人分）

きゅうりの酒かすどぼん漬け —— 1本
ゆで卵 —— 2コ

つくり方

1. 殻をむいたゆで卵を適当な大きさ
にくずし、ボウルに入れる。どぼ
ん漬けは酒かすをつけたまま幅5
㎜に切ってボウルに加え、あえる。

どぼん漬けとわかめ、ゆでいかのあえもの

ゆでいかのあえものは
信州ではおなじみの郷土料理。
それをどぼん漬けで
アレンジしました。

材料（2人分）

きゅうりの酒かすどぼん漬け —— ½本
ゆでいか（熱湯でゆでたいか）—— 120g
わかめ（塩蔵／戻したもの）—— 10g
どぼん漬けの酒かす —— 大さじ2

つくり方

1. どぼん漬けは酒かすをつけたまま
幅3mmの薄切りにする。ゆでいか
は、胴の部分は細切りにし、げそ
は食べやすく切る。わかめは食べ
やすく切る。

2. 1を全てボウルに入れ、どぼん漬
けの酒かすを加えてあえる。

5

季節仕事の楽しみ

　毎年、梅が出始める頃から忙しくなります。梅干し、梅酒に始まり、あんずジャムをつくったり山椒の実を塩漬けにしたりしていると、らっきょうが出まわる季節になります。夏になればぬか床をおこして、なすやきゅうりなどをぬか漬けに。夏野菜が終わる秋から冬にかけては、大根のたくあん漬けや野沢菜、小松菜など漬け菜の季節です。

　長野は、果物もたくさん採れる土地。自然と果実酒やコンポート、干し果物もつくるようになりました。アケビやあんずにかりん、ブルーベリー。どれも地元で採れるものばかり。なんだか休む間もないようですが、旬の味を漬物や果実酒にすると、フレッシュなときとはまた違った味わいになって長く楽しむことができます。何より、季節の巡りを実感することができ、豊かな気持ちで日々の生活を送れています。

第六章

福神漬け

福神漬け

いろいろな野菜のうまみと
食感が楽しめます。
自分なりの味をつくり出せる、
手づくりならではの
おいしさです。

福神漬けのつくり方

材料
(つくりやすい分量)

好みの野菜 (下記参照) —— 合わせて800g
しょうが —— 1かけ
昆布 —— 5cm四方 (細切り)
酢 (れんこんの下ごしらえ用) —— 少々
下漬け用塩水
　水 —— カップ5 (1ℓ)
　塩 —— 30g
酢 (下漬け洗い用) —— カップ½
A
　しょうゆ —— カップ½
　みりん —— 大さじ4
　砂糖 (きび糖、てんさい糖など)
　　—— 10g (約大さじ1)
※みりんのアルコールが気になる場合は煮きっても
(一度煮立てる)よい。

POINT

材料の
野菜について。

福神漬けにする野菜は、青菜など水けが多く出るもの
を除けば、好みのものでかまいません。例えば、れん
こん、大根、にんじん、なす、きゅうり、みょうが、ピー
マンなど。余り野菜などを組み合わせ、全体の重量
が800gになるように。

1.

れんこんは薄いいちょう切りにし、酢を入れた熱湯でサッとゆで、水
にはなす。大根、にんじん、なすなどは薄いいちょう切りにし、きゅ
うりは薄い輪切り、みょうが、ピーマンなどは薄切りやせん切りにする。
全体が同じくらいの大きさになればよい。

2.

ボウルに下漬け用塩水の
材料を混ぜ、塩を溶かす。
1の野菜を加え、1時間
ほどおく。

3.

野菜がしんなりしたら、
手で水けを絞り、ざるに
広げて2～3時間戸外で
干す。天日干しが望まし
いが、風通しのよい明る
い場所であれば大丈夫。

次のページにつづく ⇒

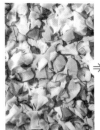 ⇒

干す前　　　　　干した後

水分が程よくとんでいればOK。

夏の暑い日は早く乾くので、2〜3時間かからないこともあります。表面に水けがなくなっていればOK。

4.

しょうがを小さめの薄切りにし、干した野菜とボウルに入れる。下漬け洗い用の酢を加えてよく混ぜ、手で汁けを絞る。

POINT

酢で洗うことで日もちがよくなり、風味もアップ。

酢で調味をするわけではないので、汁けはしっかり絞りましょう。

5.

昆布と **A** を加える。

6.

全体をよく混ぜ、30分間ほどおいて味をなじませ、完成。清潔な保存容器に入れて冷蔵庫へ。すぐに食べられるが、時間をおいたほうがおいしくなる。野菜から水分が出てくるので、半日ほどたったら上下を返して全体をなじませる。

保存方法

冷蔵庫で保存する。

保存期間の目安

10日間ほど保存可能。

福神漬け

QUESTION

Q & A

ANSWER

Q.1

調味のためではないのなら、
酢で洗わなくてもよいですか？

ANSWER

殺菌作用のある酢で洗うことで、日もちがよくなったり、風味がアップしたりと、うれしい効果が期待できます。面倒くさがらずに、味つけの前には必ず酢洗いを行いましょう。

Q.2

野菜をたくさんそろえるのが
大変なんですが……

ANSWER

余り野菜で十分です。また、塩漬けにしておいた野菜や残った
ぬか漬けを加えても違った味わいが楽しめます。漬物を入れる
場合は、しょうゆは2回に分けて入れ、量を調節します。最初は
控えめにし、全体に味がなじんできたら味見をして、好みの味に
なるように追加していきましょう。

Q.3

野菜の種類が多いほうが
おいしいですか？

ANSWER

3種類くらいの野菜でつくっても十分おいしいですよ。いろいろ
な野菜をそろえなきゃと思わずに、家にある余り野菜を活用して、
気軽につくってみてください。

福神漬けとレタスのサラダ

にんにくオイルをかけるので、
風味とコクがアップ！
しゃきしゃきレタスと
福神漬けの食感の違いも
楽しめます。

材料（2人分）

福神漬け —— 70g

レタス —— ½コ

にんにく（みじん切り）—— 小さじ1

菜種油（またはサラダ油）—— 小さじ2

うす口しょうゆ —— 大さじ½〜1

酢 —— 大さじ1

つくり方

1. レタスは洗って水けをきり、食べ
   やすくちぎってボウルに入れる。

2. フライパンに油、にんにくを入れて
   中火にかけ、香りが出てきたらレタ
   スにかける。福神漬けを加えてあえ、
   味をみて、うす口しょうゆ、酢を加
   えてあえ、器に盛る。

   ※福神漬けの漬かり具合によって味が濃
   くなっている場合もあるので、必ず一度味
   見をしてから仕上げる。

福神漬けの白あえ

福神漬けのいろいろな野菜の
うまみ、食感が豆腐になじみ、
深い味わいになります。
豆腐はお好みで絹ごしでも。

材料（2人分）

福神漬け —— 70g
木綿豆腐 —— ½丁（150g）
みりん —— 小さじ½〜1
うす口しょうゆ —— 小さじ1
※みりんのアルコールが気になる場合は
煮きっても（一度煮立てる）よい。

つくり方

1. 豆腐は皿数枚をのせておもしをし、
30分間ほど水きりをする。豆腐が
かためになったらすり鉢に入れ、粗
くすりつぶす（またはボウルに入
れ、泡立て器などですりつぶす）。

2. 福神漬けを加え、味をみて、みりん、
うす口しょうゆを加える。

※福神漬けの漬かり具合によって味が濃
くなっている場合もあるので、必ず一度味
見をしてから仕上げる。

信州・暮らしの楽しみ

⑥

道具のこだわり

　よく、我が家にいらっしゃった方に「かごやまな板がたくさんありますね」といわれます。昔ながらの道具が好きで、少しずつ買い求めているうちにたくさん集まってしまいました。口に入るものを扱う道具は、できるだけ天然素材のものを使いたいと思っています。

　まな板は長野の木を使ったもので、木の形を生かしたデザインと程よいかたさがお気に入り。長いほうは料理を盛って食卓に出すこともあります。かごやざるもたくさんありますが、長野のものといえば戸隠の根曲がり竹でしょうか。竹製のかごやざるはとても丈夫で、長く使えるのが魅力です。取り箸や黒文字といった小さなものは、庭に生えている山椒や山ぶどうの小枝を使って自分で手づくりもしています。天然素材は手になじみ、器との相性もしっくりきます。

第七章

白菜の簡単ぬか漬け

白菜の簡単ぬか漬け

ぬか床に漬けるのではなく、
野菜の上にぬか袋をのせて
風味を移す方法です。
少量のぬかですぐにつくれるので、
気楽に挑戦できます。

白菜の簡単ぬか漬けのつくり方

材料
(つくりやすい分量)

白菜 —— ½コ (700g～1kg)
生ぬか (またはいりぬか／P.121参照) —— 100g
※ぬかを入れる袋を用意 (P.96参照)
塩 (粗塩) —— 適量
※白菜の重量に対して約2％の塩

1.
白菜は食べやすい大きさに切ってボウルに入れ、塩をもみ込む。塩は白菜の重量に対して約2％が目安 (白菜700gなら塩は14g程度)。

2.
清潔な保存容器に、出てきた水分ごと白菜を入れ、おもしをのせ、ふたをして半日間以上常温におく。

3.

白菜から水が上がっているか（ひたひたにつかった状態）を確認し、ぬかを入れたぬか袋（P.96参照）をのせる。水が上がっていなかったらもう少しおいて様子をみる。

POINT

ぬかが
均等になるように
ととのえましょう。

ぬか袋は、白菜全体の上にぬかが広がるよう、平らにととのえてのせます。

4.

おもしをのせ、ふたをして、半日間おいたら完成。

保存方法

常温で保存する。暑い時期は冷蔵庫に入れてもよい。

保存期間の目安

1週間ほど保存可能。暑い時期は3日間以内に食べきって。

ぬか袋 あれこれ

一、

袋をつくりましょう

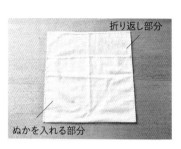

折り返し部分

ぬかを入れる部分

清潔なさらしを長さ50〜60cmに切り、折りたたんで端を縫い、袋状にします。袋部分は20〜25cmくらいに。ぬかがこぼれないよう折り返し部分をつくるとよいでしょう。さらしがなければ2重にしたガーゼでも。

二、

ぬかを入れるときは

さらしでつくった袋を水でぬらしてかたく絞り、ボウルに袋の口を広げてのせるとこぼれにくく、うまく入れられます。

96

三、

ぬか袋は
繰り返し
使えます

ぬか袋は使い捨てではありません。漬けているうちに野菜から上がってきた水分を吸って少しずつこなれ、おいしいぬか床になっていきます。様子をみながら、ぬかを足すなど（下記参照）管理をすれば、繰り返し使えます。ただし、ぬかを足し続けてぬかの量が増えすぎても扱いにくいので、ある程度使ったらぬかを処分し、新たにつくるとよいでしょう。

四、

風味が
落ちてきた
と思ったら

ぬか袋は、野菜の水分を吸って水っぽくなっていきます。風味も落ちてしまうので適宜ぬかを足しましょう。簡単ぬか漬けは、まず野菜を塩漬けにすることで塩分調整をしているので、ぬかに塩を入れる必要はありません。

キャベツとセロリの
簡単ぬか漬け

　キャベツやセロリなどでつくるのもおすすめ。白菜と同様に、重量に対して約2%の塩で下漬けをしてつくります。キャベツやセロリは洋野菜のイメージがありますが、ぬか漬けにも向いています。特にセロリは香りもよいのでおすすめです。

　ここでは細く刻んで混ぜ合わせ、サラダ感覚に仕上げましたが、もう少し食べごたえのある大きさに切って漬けてもおいしいですよ。

即席キムチ

ぬか漬けのうまみと酸味があるので、
塩辛やごま油などの調味料と
あえるだけでキムチらしい
味わいになります。

材料（2人分）

白菜の簡単ぬか漬け —— 270g

A いかの塩辛（みじん切り）—— 大さじ1

ねぎ（みじん切り）—— 大さじ1

にんにく（すりおろし）—— 小さじ1

ごま油 —— 小さじ1

うす口しょうゆ —— 小さじ1

韓国産粉とうがらし（中びき）
—— 小さじ1

つくり方

1. ボウルに**A**を入れて混ぜ合わせ、
白菜の簡単ぬか漬けを加えてあ
える。

※そのままでも食べられるが、半日～1日
間おいて味がなじんでくると、さらにおいし
くなる。冷蔵庫で7日間くらい保存可能。

ぬか漬けのナムル風

香り野菜と合わせるのがポイント。
季節によっては、せりでつくっても。

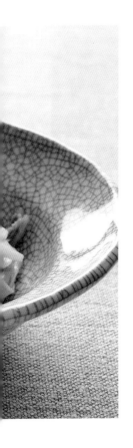

材料（2人分）

白菜の簡単ぬか漬け —— 130g

みつば —— 20g

ごま油 —— 小さじ1

うす口しょうゆ —— 小さじ½〜1

つくり方

1. みつばは熱湯でサッとゆでて冷水
にとり、水けを絞って食べやすい
長さに切る。

2. ボウルに白菜の簡単ぬか漬け、み
つばを入れて混ぜ、味見をしてご
ま油、うす口しょうゆを加えてあえ
る。

※ぬか漬けの漬かり具合によって味が濃く
なっている場合もあるので、必ず一度味見
をしてから仕上げる。

信州・暮らしの楽しみ

7

季節の巡りを食卓に

　いつも、季節のものをどうすればおいしく食べられるかを考えながら暮らしています。いろいろな料理で旬のフレッシュさを生かしたり、時には保存食にして季節をまたいで楽しんだり。

　また、おいしく味わうために料理と同じくらい大切なのは、食卓づくり。ガラスの器にするか磁器にするか、絵皿がよいかと器を選んだり、庭から採ってきた朴葉を器に敷くなど季節の葉物を添えたりすることで季節を表すことができます。大皿盛りで並べる、めいめいの器をきちんとセッティングするなど、コーディネートも考えます。

　特別な日だけでなく日々の食卓で楽しむこと。それが、毎日おいしく、心地よく食と向き合う暮らしにつながっています。

第八章

本格ぬか漬け

本格ぬか漬け

同じ野菜でも、
漬ける人のぬか床によって
違う味わいになるのが
ぬか漬けの奥深さ。
だから、憧れの漬物なのです。
ぜひ、チャレンジしてみましょう。

本格ぬか漬けのつくり方

材料
(つくりやすい分量)

生ぬか（またはいりぬか／P.121参照） ──── 1kg
塩（粗塩）──── 150g
水 ── カップ4
風味づけ素材
　にんにく ──── 2かけ
　しょうが（皮をむく）──── 30g
　赤とうがらし ──── 3本
　いり大豆*1 ──── 大さじ2
　昆布 ── 15cm
　乾燥したみかんの皮*2 ──── 大さじ1
捨て漬け用の野菜 ──── 適量
本漬け用の好みの野菜
　きゅうり、にんじん、紫たまねぎ、
　　しょうがなど ──── 適量

*1 大豆をフライパンなどで
　かるく焼き色がつくまでいったもの。
*2 無農薬の国産の柑橘類の皮を干したもの。
　あればでよい。

POINT

風味づけ素材を加えると深みのある味に。

風味づけ素材は全部を入れなくてもぬか床はつくれますが、うまみや風味が違ってきます。赤とうがらしは殺菌効果もあるので必ず入れて。

ぬか床をつくる

野菜の捨て漬けを数回
繰り返すことでぬかの
発酵が進み、うまみが出て
おいしいぬか床になります。

1.

清潔な保存容器にぬか
を入れ、塩を数回に分
けて加え、そのつどしっ
かり混ぜ合わせる。

2.

分量の水を少しずつ加え、
そのつど手でこねるよう
にして混ぜ合わせる。全
体をむらなくしっとりさせ
る。

3.

風味づけ素材を加え、よ
く混ぜる。

4.

中央をくぼませ、捨て漬け用の野菜を入れる。

POINT

捨て漬け用の野菜は、半端な残り野菜でかまいません。

捨て漬け用の野菜は、ぬか床1kgに対して250gくらいが目安（キャベツなら1/4コくらい）。大根やにんじんやセロリなど、複数の野菜を混ぜてかまいません。残り野菜を活用しましょう。

5.

ぬかをかぶせ、表面をならす。ふたをして常温で半日〜1日間おく。

POINT

よくかき混ぜて。

つくり始めはぬか床をよく
かき混ぜ、酸素を入れて発
酵をうながすことが大事で
す。また、捨て漬け用の野
菜も毎日入れかえてくださ
い。数回漬けるうちに、お
いしく漬かるようになります。
野菜を少し食べてみて、「お
いしい!」と感じたらぬか床
の完成です。

6.

1日2〜3回、ぬか床の
上下を返すようにしっか
り混ぜる。また捨て漬け
用の野菜は、1日1回取
り出し、別の野菜を入れ
る。これを2〜3日間繰
り返す。捨て漬けした野
菜は食べてもよい(お好
みで)。

次のページにつづく ⇒

本漬けをする

いよいよ、本番用の
野菜を漬けます。
お好きな野菜を入れてどうぞ。

POINT

頃合いを見て野菜に
塩をまぶしましょう。

つくりたてのぬか床はちょう
どよい塩分になっているの
で、野菜に塩をまぶす必要
はありません。3回ほど漬け
ると、ぬか床に水分が入り
味が薄まってくるため、野
菜に塩をまぶしてから漬け
るようにします。

7.

野菜をぬか床に入れ、
野菜がしっかりかくれる
ようにぬかをのせ、表
面をならしてふたをする。
半日間以上おいたら完成。
食べるときはかるく洗っ
てぬかを落とす。

保存方法

ぬか床は常温で保存する。
暑い時期は冷蔵庫に入れてもよい。

保存期間の目安

半日間たったら取り出し、
食べきって。

サーモンの
ぬか漬けカルパッチョ

ぬか漬けをピクルス感覚で使えば、
カルパッチョにもよく合います。
ほかの白身魚やいかの刺身で
つくるのもおすすめです。

材料（2人分）

紫たまねぎのぬか漬け —— $\frac{1}{4}$ コ

きゅうりのぬか漬け —— $\frac{1}{4}$ 本

サーモン（刺身用）—— 150g

菜種油（またはオリーブ油）—— 小さじ1

粗びき黒こしょう —— 少々

つくり方

1. 紫たまねぎのぬか漬けは薄切りに、
きゅうりのぬか漬けも幅5mmくらい
の細切りにする。

2. サーモンを皿に盛り、**1**をのせる。
油をかけ、粗びき黒こしょうをふる。

ぬか漬け入りのやたら

「やたら」は信州の郷土料理で、
細かく刻んだ野菜のあえもの。
ぬか漬けを調味料にして
生野菜と一緒にいただきます。

材料（2人分）

にんじんのぬか漬け —— $\frac{1}{5}$ 本
きゅうりのぬか漬け —— $\frac{1}{2}$ 本
なす（生）—— $\frac{1}{2}$ 本

つくり方

1. にんじんのぬか漬け、きゅうりの
   ぬか漬けをみじん切りにする。

2. なすもみじん切りにしてボウルに入
   れ、サッと水洗いして水けを絞る。

3. 1と2をあえる。

はりはり昆布

ぬか床の水分を取るために
入れておいた乾物が立派な一品に。
ご飯にのせて
お茶漬けにするのもおすすめです。

材料（つくりやすい分量）

切り干し大根のぬか漬け
　　── 適量（P.123参照）

刻み昆布のぬか漬け
　　── 適量（P.123参照）

つくり方

1. 切り干し大根のぬか漬けは食べや
すい長さに切り、刻み昆布のぬか
漬けとあえる。

※古漬け（長く漬けたもの）になっていて
味が濃いと感じたら、煮きりみりん（みりん
を煮立ててアルコール分をとばしたもの）
少々を加えてあえるとまろやかになる。

ぬか漬け

QUESTION

Q & A

ANSWER

Q.1

ぬか漬けを始めるのに
適した時期はありますか？

ANSWER

ぬか床を始めるなら、ポカポカ陽気が心地いい夏前くらいの季
節がおすすめです。気温が上がって発酵に適したタイミングです。
また、寝かせていたぬか床があれば、この時期にゆりおこして、
野菜を漬け始めると、発酵が進んでぬか床が復活します。

Q.2

> 「生ぬか」と「いりぬか」、
> 何が違うんですか？

ANSWER

そもそもぬかとは、玄米を精米するときに出る外皮や胚芽のこと。
これを生ぬか（写真）といい、米店などで購入することもできます。
酸化しやすいので、購入したらなるべく早く使いましょう。
いりぬかは、生ぬかをいったもの。塩などで調味されたものもあ
るので、使用する前に原料を確認し、調味されていないものを
選びましょう。
ぬか床は、いりぬかでもおいしく漬けられますが、手に入るなら
ば生ぬかがおすすめです。新鮮なものを使いましょう。

Q.3

ぬか床は、毎日かき混ぜないと
だめですか？

ANSWER

ぬか床には酸素が必要です。野菜を漬けない日でも、朝晩かき
混ぜましょう。容器の底からぬか床全体をひっくり返すようにす
るのがコツです。ふだんは涼しい場所で保管しますが、暑い時期、
発酵が進みすぎて酸味を感じるときは冷蔵庫へ。ただし長く冷
蔵庫に入れると発酵が進まなくなるので、暑さが和らいだら、常
温に戻します。

Q.4

ぬか床の発酵が進まないときは
どうすればいいですか？

ANSWER

秋から冬などの寒い時期に漬けていませんか？　寒いと発酵は進
みません。気温が上がる夏前から始めれば、しっかり発酵します。
真夏は2時間くらいで漬かることもあります。

Q.5

ぬか床が酸っぱくなってきちゃった！

ANSWER

発酵が進みすぎると、酸っぱいにおいがすることがあります。そんなときは、和からし（粉状）を加えて、発酵をおさえましょう。ぬか床1kgに対して、大さじ1～2くらいが目安。和からしを加えることで、風味をひきしめる効果もあります。

Q.6

ぬか床が水っぽくなってきた！
どうしたらいいですか？

ANSWER

野菜から出る水分によってぬか床がゆるくなるので、ときどき刻み昆布や切り干し大根など乾物を入れて、水分を吸わせましょう。昆布はそのまま、切り干し大根はサッと洗って水けを絞り、清潔なガーゼの袋に入れ、ぬか床へ。乾物はぬか漬けになり、ぬか床はうまみが増し、一石二鳥。1週間から10日間で取り出しましょう。

入れる前の乾物　⇒　1週間後

Q.7

旅行などで家を不在にするときは、
どうすればいいですか？

ANSWER

ぬか床をジッパー付き保存袋に小分けして冷蔵庫に入れましょう。
発酵が止まり、ぬか床を休ませることができます。長期間休ませ
る場合は冷凍を。再び使うときは、自然解凍して常温に戻します。

Q.8

ぬかの表面に、かびが！
失敗ですか？

ANSWER

状態をよく確認しましょう。色が白っぽい場合は、産膜酵母と呼
ばれるもので、漬物にはよく見られます。ほぼ害はありませんが、
味が落ちるので、表面のぬかをしっかり取り除き、よくかき混ぜ
ましょう。違う色の場合はかびなので、残念ですが処分します。

Q.9

ぬか床からアルコールのような
変なにおいがします……

ANSWER

鼻につくような異臭がするときは、失敗の可能性が高いでしょう。
塩分が足りていなかったり、水分が入ってしまったりとさまざまな
原因が考えられます。残念ですが、もう一度最初からつくり直し
たほうがいいでしょう。

Q.10

漬けすぎたぬか漬け、食べられますか？

ANSWER

古漬け（長く漬けたもの）になると、酸味と塩けが強くなります。
そのままではしょっぱすぎるようなら、みじん切りにしたもの（少
量）を、あえものやサラダの調味料にするとよいでしょう。古漬け
の風味もおいしいので、炒めものの味つけがわりに使うのもおす
すめです。

おわりに

　冬の農閑期、こたつで食べるお漬物は、信州で暮らす私たちの楽しみのひとつでした。朝昼晩の食事に、10時と15時のお茶うけ、そんなふうにして1日に5回も漬物を食べていたほどです。そして、今でも私の自宅には、季節に合わせて仕込んだ野沢菜漬けやたくあん、ぬか漬けなどの樽がいくつもあります。せわしい日々の中でも、私がいつも元気でいられるのは、毎日食べているこれらの漬物のおかげなのかもしれません。野菜や調味料ひとつひとつに気を配りながら、今の元気が続くようにと願ってつくる自家製の漬物は、数日後、数か月後の自分や家族へのプレゼントなのだと、今では実感しました。

　本書では、漬物づくりが初めての方でもつくりやすいように、一晩から数日間でつくれるお手軽なレシピを紹介しました。難しい工程などはありません。まずは、レシピどおりにつくってみましょう。基本の味を覚えたら、次からは分量を調節しながら、自分好みの味をつくり出してみてください。

　ぜひ、いろいろな漬物に挑戦してください。手づくりならではのみずみずしいおいしさを楽しんでいただけたら幸いです。

YOKOYAMA TAKAKO

横山タカ子

郷土料理研究。長野県に生まれ、現在も長野県在住。
郷土食を守り伝え、その知恵を生かしたおいしい料理
に定評があり、季節ごとの食材を使った保存食、漬物
づくりも続けている。各地で講演会や料理の講師を務
めるほか、NHK「きょうの料理」などにも出演。『作って
楽しむ信州の漬物』（信濃毎日新聞社）、『信州発 旬の
彩り、和のごはん』（清流出版）など著書多数。

STAFF

アートディレクション	北田進吾
本文デザイン	堀 由佳里
	山田香織（キタダデザイン）
撮影	鈴木泰介
スタイリング	吉岡彰子
校正	ケイズオフィス
DTP	ドルフィン
協力	岡村理恵、野村慶子
進行アシスタント	丸山秀子
編集	鴨志田倫子、平野陽子（NHK出版）
協力	NHKエデュケーショナル

NHK まる得マガジンプチ

お手軽なのにきちんとおいしい

手づくり漬物

2020 年 6 月 20 日　第 1 刷発行

著者	横山タカ子
	©2020 Yokoyama Takako
発行者	森永公紀
発行所	NHK 出版
	〒 150-8081　東京都渋谷区宇田川町 41-1
	電話　0570-002-140（編集）
	0570-000-321（注文）
	ホームページ　http://www.nhk-book.co.jp
	振替　00110-1-49701
印刷	廣済堂
製本	ブックアート